AF440196

AUX ÉLECTEURS

L'EMPIRE

OU

LA RÉVOLUTION

POLITIQUE ET SOCIALE

PAR

ÉMILE RENARD,

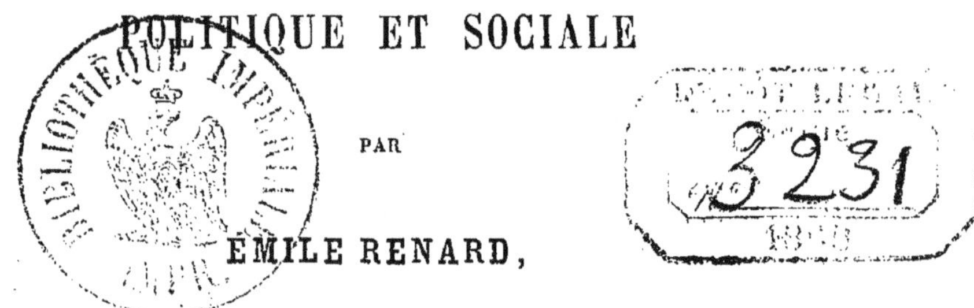

ANCIEN AVOCAT AU CONSEIL D'ÉTAT ET A LA COUR DE CASSATION,

Ancien membre du Conseil général de la Haute-Marne.

Électeurs, garde à vous !
Sinon, gare à vous, gare à la France !

PARIS

E. DENTU, LIBRAIRE-ÉDITEUR

PALAIS-ROYAL, 17 ET 19, GALERIE D'ORLÉANS.

—

1869

L'EMPIRE

LA RÉVOLUTION

POLITIQUE ET SOCIALE

Pourquoi donc, nous dira-t-on, ce cri d'alarme ? Avez-vous donc peur d'une révolution ? Eh quoi ! parce que de sinistres paroles et d'arrogants défis jetés à l'Empire ont retenti dans les nouveaux clubs ouverts sous la protection même de l'autorité, vous voyez déjà surgir l'émeute et la révolution triomphante ? Oh ! rassurez-vous, et laissez s'agiter dans son impuissance une infime minorité qui n'a aucun écho dans la nation. Loin de vous en effrayer, regardez même comme une chose heureuse, pour les destinées de l'Empire et le salut de la société, l'explosion au grand jour de ces haines furibondes et de ces rêves insensés qui couvaient dans l'ombre. N'y voyez-vous pas plutôt un avertissement salutaire donné au pays, un appel à l'union des gens de bien trop disposés à s'endormir dans leur confiante inertie ?

Oui, répondrons-nous, vous avez raison. Ces hommes, en se découvrant trop tôt, en faisant, comme on dit, feu avant l'ordre, feraient plutôt reculer qu'avancer la révolution qu'ils annoncent. Aussi n'est-ce point là que nous voyons le danger.

Électeurs, écoutez et croyez-en un homme qui a déjà assez vécu pour voir tomber deux gouvernements, et qui a mûrement réfléchi sur les causes de leur chute. Or, croyez bien que le danger est beaucoup moins encore dans les menées et les complots révolutionnaires que dans la complicité, bien involontaire sans doute, de certains écrivains et orateurs de l'opposition, qui, sans être ennemis du Gouvernement, font la courte échelle à ceux qui veulent le renverser.

Écoutons plutôt à ce sujet un jeune académicien qui se pose en publiciste réformateur, mais dont les conceptions politiques et sociales auraient besoin, croyons-nous, d'être mûries par quelque expérience des affaires qu'il n'a pu acquérir encore. N'est-ce point même à son ingénuité de débutant dans l'opposition que nous devons cet aveu d'une singulière naïveté ?

Voyons donc ce que nous disait, il n'y a pas bien

longtemps encore, dans le *Journal des Débats*, M. Prévost-Paradol, un de ses rédacteurs les plus importants :

« Ceux qui posent sans cesse cette question à leurs contradic-
« teurs (celle de savoir s'ils veulent consolider ou renverser le
« Gouvernement) oublient un point qui n'est pas sans importance :
« c'est que, les trois quarts du temps, l'opposant le plus décidé ne
« sait pas s'il veut, oui ou non, renverser le Gouvernement (1). »

Voilà donc la révélation précieuse que, dans un accès de franchise, nous fait M. Prévost-Paradol, et, pour le dire en passant, dans un langage qui, de sa part, pouvait être plus académique : c'est que la plupart de ceux qui font au Gouvernement une opposition plus ou moins vive, n'en mesurent pas la portée ; qu'ils y vont donc en quelque sorte comme des enfants qui ne savent ce qu'ils font, ou — pardon de l'expression — comme des corneilles... de sorte qu'ils sont bien étonnés et bien marris lorsqu'un beau jour ils voient tomber, démoli de leurs propres mains, ce Gouvernement sous lequel, après tout, ils vivaient très-bien.

Mais n'est-ce pas là, en effet, ce que nous avons vu en 1830 et en 1848 ?

Cela tient aussi, disons-le, dût en souffrir notre

---

(1) *Journal des Débats*, 11 septembre 1868.

amour propre national, à nos mœurs politiques qui né sont pas des meilleures, au dire de tous les historiens et publicistes qui ont cherché à les définir. C'est ce qui ressort notamment d'une étude fort intéressante et non moins instructive qu'a publiée il y a quelque temps un écrivain de mérite, M. Fernand Giraudeau (1).

Ainsi M. Émile de Girardin, qu'il cite tout d'abord, et chez qui l'on rencontre souvent de bonnes vérités mêlées aux plus étonnants paradoxes, a dit quelque part :

« La France est la nation qui possède les meilleures institutions « sociales, mais qui a les plus mauvaises mœurs politiques. »

Et pourquoi ? N'est-ce point parce que nous sommes toujours ce même peuple que César, il y a deux mille ans, disait être *mobile, avide de nouveautés, prompt au découragement ?*

Autres citations de M. Giraudeau :

Au dix-huitième siècle, Duclos écrivait :

« De tous les peuples, le Français est celui dont le caractère a dans tous les temps éprouvé le moins d'altération ; on retrouve les Français d'aujourd'hui dans ceux des croisades, et en remontant

---

(1) *Nos Mœurs politiques :* Lettres au rédacteur du *Constitutionnel.* — Dentu.

jusqu'aux Gaulois, on y remarque encore beaucoup de ressemblance. Cette nation a toujours été vive, gaie, généreuse, brave, sincère, présomptueuse, *inconstante*, avantageuse et inconsidérée. » (*Considérations sur les mœurs.*)

Napoléon Ier disait, il y a cinquante ans :

« Notre légèreté, notre inconséquence nous viennent de loin ; nous demeurons toujours Gaulois. Nous ne vaudrons tout notre prix que lorsque nous substituerons les principes à la turbulence, l'orgueil à la vanité et l'amour des institutions à l'amour des places. »

Plus récemment, dans une étude remarquable sur la *Centralisation*, M. Odilon-Barrot écrivait ceci :

« Je ne nie pas qu'il n'y ait dans notre caractère français un goût assez vif pour la nouveauté et une certaine mobilité naturelle. Il faut bien reconnaître même qu'il y a quelque chose d'organique dans cette disposition de notre esprit, puisqu'elle s'est conservée à travers les âges, et qu'elle est aujourd'hui telle que la définissait César, il y a près de deux mille ans. »

M. de Tocqueville, dans son dernier ouvrage : *l'Ancien régime et la Révolution :*

« A-t-il jamais paru sur la terre une seule nation qui fût si remplie de contrastes et si extrême dans chacun de ses actes, plus conduite par des sensations, moins par des principes........

*

un peuple tellement mobile dans ses pensées journalières et dans ses goûts qu'il finit par se devenir un spectacle inattendu à lui-même, et demeure souvent aussi surpris que les étrangers à la vue de ce qu'il vient de faire. »

Autre portrait encore de la main de M. Alphonse Karr qui, dans ses *Guêpes*, a souvent fait preuve d'autant de bon sens que d'esprit :

« Le Français est vain et fanfaron ; il aime à taquiner, à braver l'autorité, mais non à la renverser. Il aime à faire des émeutes, mais il est fort étonné quand, dans la bagarre, il a fait, sans s'en douter, une révolution au profit de quelques ambitieux. » (*Les Guêpes*, novembre 1839).

Enfin, voici venir une voix plus grave, une autorité plus imposante, celle d'un de nos contemporains les plus illustres, d'un homme d'État qui, après avoir vieilli dans nos luttes politiques, nous lègue, dans ses *Méditations*, les fruits d'une longue expérience et d'une haute raison que n'aveugle point l'esprit de parti :

« Notre vie révolutionnaire depuis 1789, dit M. Guizot, ses ambitions et ses mécomptes également immenses, nous ont laissés à la fois très-excités et très-fatigués, pleins d'impatience en même temps que d'incertitude ; nous ne savons ni ce que nous pensons ni ce que nous désirons ; nos idées sont compliquées et confuses, nos volontés sont flottantes et faibles ; nous n'avons ni points fixes dans l'esprit, ni but déterminé dans la conduite ; nous cédons mollement, souvent contre notre prévoyance et contre notre propre gré, aux pouvoirs qui prennent possession de nous ; mais bientôt après, nous n'en sommes pas envers eux moins exigeants ni plus équitables ; dès que nous sommes délivrés de nos plus pressantes inquiétudes, nous nous précipitons dans le mécontentement aussi vite qu'au jour du péril nous nous sommes jetés dans la soumission. »

Les voilà bien, en effet, ces Français qui, après avoir accepté dans les premiers temps qui ont suivi la révolution de 48 une sorte de dictature qui leur assurait l'ordre et la sécurité, ne savent aujourd'hui quels embarras créer à ce même Gouvernement depuis qu'il est entré dans l'ère des libertés qu'il avait promises dès ce moment.

L'Empereur n'a-t-il pas, en effet, tenu ses promesses? N'a-t-il pas, dès que la voie lui a paru ouverte à l'amélioration d'un état de choses transitoire, donné même plus qu'il n'était demandé, nous ne dirons pas par une opposition hostile au principe même de son gouvernement, mais par la grande majorité des conservateurs libéraux que compte le Corps législatif? Ainsi, après avoir relevé, en 1860, la tribune parlementaire, il a rendu à la presse les garanties du régime légal et décrété le droit de réunion, ce que n'avait osé faire, à aucune époque, la Restauration ni le Gouvernement de juillet.

Or, après de telles concessions dont s'était vivement émue l'opinion publique, l'Empereur ne devait-il point s'attendre à quelque reconnaissance du parti se disant libéral ? Ne devait-il pas espérer aussi qu'il userait de ces nouveaux droits avec une certaine modération ? Mais point. Ces décrets à peine promulgués, voilà qu'apparaissent de toutes parts des journaux que ne retient plus aucun frein ; qui, dans leurs insultes, ne respectent pas plus la morale publique que le Gouvernement et la personne même de l'Empereur. Et de même les réunions publiques ou privées (petites réunions *privées* ne comptant pas moins quelquefois de douze à quinze cents personnes), n'ont-elles pas rappelé, dès leur début, les vociférations révolutionnaires de nos plus mauvais jours ?

Que signifie donc un tel abus des libertés nouvelles, sinon qu'au lieu d'y voir un nouveau progrès dans la marche du Gouvernement vers le couronnement complet de l'édifice, on ne veut s'en faire qu'une arme pour le renverser ?

Si du moins quelques paroles de blâme tombées des sommités du parti venaient modérer ces violentes démonstrations ; mais le blâme des chefs de l'opposition, dans leurs journaux comme dans ces mêmes réunions, lorsqu'ils y ont assisté, n'est-il pas tombé plus souvent au contraire sur les poursuites auxquelles, après une bien longue tolérance, ont donné lieu de tels scandales ?

Que veut-on donc ? Une révolution nouvelle ? Tel

serait en effet le but de certains hommes de la presse et de la tribune qui rêvent toujours de la République et n'ont point renoncé à l'espoir de nous l'imposer. A consulter d'ailleurs les professions de foi des candidats démocrates, où il n'est jamais dit un mot de l'Empire, il est évident que pour eux un mouvement républicain est en l'air. Certaines démonstrations précédentes l'annonçaient également : ainsi, par exemple, tout le bruit qui s'est fait dans la presse de l'Opposition lors de la candidature républicaine de M. Grévy, et plus tard au sujet de la petite ovation d'outre-tombe faite au représentant Baudin et de la souscription qui s'en est suivie.

Mais un mouvement plus significatif encore s'est révélé dans notre presse dite libérale au moment où a éclaté la révolution d'Espagne. Certes, s'il existe en Europe une nation monarchique par ses mœurs et ses traditions, c'est l'Espagne ; mais vainement les héros de cette révolution, même dans la première ivresse de leur triomphe, protestaient-ils de leur dévouement au principe monarchique, nos ultra-libéraux, prétendant sans doute connaître mieux les Espagnols que Prim et Serrano, ne pouvaient admettre qu'ils ne voulussent pas la République ; et n'est-on pas même fondé à dire que ces excitations de la presse française n'ont pas été étrangères aux manifestations républicaines qui se sont produites depuis? Or, si l'adoption de ce mode de gouvernement était si désirable au delà des Pyrénées, pourquoi n'en serait-il pas de même en deçà ? L'analogie était frappante et la conclusion facile à tirer.

Au surplus, le parti républicain n'en est pas en France à procéder par voie d'insinuations. Ainsi, bien que tous les membres du Corps législatif aient juré fidélité à l'Empire, n'en voyons-nous pas réclamer sans cesse « le gouvernement du pays par le pays, » mot d'ordre qui se retrouve aussi assez généralement dans les professions de foi des candidats démocrates, comme si, avec le suffrage universel en vigueur aujourd'hui, dans sa plus grande extension, nous n'avions pas le gouvernement du pays par le pays.

Au temps de la Restauration, M. Royer-Collard a pu dire, en donnant à la monarchie un avertissement solennel : « La démocratie coule à pleins bords », mais l'Empire pouvait-il, afin d'en contenir les débordements, lui creuser un lit plus large et plus profond qu'en donnant pour base à son gouvernement le suffrage universel. Quel empereur ou roi a jusqu'ici tenté cette épreuve ?

Voyons donc maintenant ce que demande la démocratie telle que l'entendent ses candidats :

C'est d'abord, chose toute simple de leur part, l'abolition des candidatures officielles; c'est la réduction des impôts et des contingents de l'armée ; mais surtout plus de libertés, et, pour garantie, la responsabilité des ministres. C'est en outre, pour quelques-uns des plus avancés, la suppression du budget des cultes, c'est-à-dire la séparation de l'Église et de l'État, et au dehors l'abandon de Rome à l'Italie. Enfin, il est aussi de certains candidats plus avancés encore, car ils s'avouent socialistes, qui ne parlent de rien moins que d'une « réorganisation de la propriété » et d'une « liquidation sociale. »

Reprenons maintenant les différentes questions posées dans ce programme :

En s'élevant tout dernièrement à la tribune contre le principe des candidatures officielles, M. Émile Ollivier faisait ce raisonnement : Ou l'opinion publique, disait-il, est favorable au Gouvernement, et alors il n'a pas besoin de ce moyen d'action ; ou elle lui est contraire, et rien alors ne peut empêcher l'irrésistible impression du sentiment public.

Assurément, cela est vrai en principe ; mais d'abord ne faut-il pas tenir compte ici de cette disposition générale du caractère français qui, comme nous l'avons dit plus haut, le porte toujours à faire de l'opposition :

« Le pouvoir, disait un jour Lamartine, c'est l'ennemi commun.

On ne trouve de grâce et de courage qu'à se poser en héros contre son impuissance. Personne ne songe à s'opposer contre la tyrannie réelle qui est l'opposition et la presse. C'est toujours la même lâcheté; je me trompe, c'est l'hypocrisie du courage. Voilà la force, voilà le seul pouvoir excessif, voilà la seule oppression réelle, et si vous êtes homme à la braver, retournez-vous de ce côté, car c'est là qu'est le danger. » (8 mai 1839.)

« Dans un pays comme celui-ci, disait à son tour M. de Montalembert, où les plaintes de la publicité sont en quelque sorte le pain quotidien de la presse et de l'opposition, *où la vie publique est une sorte de murmure continuel...* » (Séance du 16 avril 1844.)

Et un autre jour :

« Être ennemi du Gouvernement *est une espèce de carrière pour la jeunesse,* une profession libérale. » (Janvier 1842.)

« Le pouvoir, a dit aussi M. Sauzet, les uns l'outragent avec violence, les plus indulgents s'en défient. Accepter ce dépôt, c'est se vouer à l'humiliation et à la haine ; être dépositaire de la loi, c'est aux yeux des partis être mis hors la loi. » (18 août 1835.)

Or, comment, en présence d'une telle disposition des esprits, à laquelle viennent se joindre les excitations quotidiennes de la presse, et de plus aujourd'hui l'agitation causée par les réunions publiques, comment ne serait-il pas permis au Gouvernement de désigner aux suffrages des électeurs et de soutenir de son influence les hommes qui, sans s'inféoder, sans doute, de tous points à sa politique, s'entendent au moins avec ses ministres sur les questions fondamentales que comportent les institutions actuelles de la France ?

C'est là, il nous semble, une considération générale qui suffirait à justifier les candidatures officielles. Ah ! si le parti conservateur déployait dans la lutte la même ardeur que l'Opposition ; si, comme elle, il créait des journaux et organisait de tous côtés des réunions où il exposerait ses doctrines et combattrait celles de ses adversaires, oh ! alors, l'action du Gouvernement deviendrait beaucoup moins obligée ou peut-être même tout à fait inutile.

Et voilà ce qui se voit par exemple chez les Anglais où, en politique comme en affaires, règne toujours une grande émulation d'initiative et de dévouements individuels ; mais il est trop vrai de dire qu'en France, au contraire, ce mobile fait à peu près complétement défaut, en raison de l'inertie du parti conservateur se reposant toujours sur e Gouvernement du soin de le défendre.

Enfin, nous demanderons si, comme cela s'est vu d'ailleurs sous tous les régimes, l'Opposition, ou plutôt les oppositions diverses plus ou moins avancées n'ont pas toujours eu leurs comités directeurs et leurs agents électoraux ; ajoutons même leurs candidats qu'ils tiennent à la disposition des arrondissements qui pourraient en manquer.

Concluons donc que le Gouvernement a bien fait de maintenir le principe des candidatures officielles, tout en prenant l'engagement de n'en user qu'avec une grande réserve, ne voulant, comme l'a dit M. le Ministre de l'intérieur, qu'éclairer les suffrages et non les dominer.

Que dirons-nous maintenant des libertés, cette partie du programme de l'Opposition que nous avons déjà abordée plus haut? Prétendrons-nous que l'Empire a réalisé sur ce point tous les progrès que nous pouvons en attendre? Non, assurément. Mais il nous semble que, après les étapes qu'il a déjà parcourues dans cette voie, un temps d'arrêt lui serait bien permis ; et dès lors une politique intelligente et libérale ne devrait-elle pas comprendre que, pour conquérir ce qui lui manque, il faut d'abord conserver et consolider ce qui lui est acquis. Mais non ; pour les partis hostiles au principe même du Gouvernement, une liberté qu'on leur donne est une arme qu'on leur ôte ; aussi s'empressent-ils tout d'abord d'en abuser pour pouvoir dire ensuite, en cas de répression, qu'ils n'ont pu en user.

On nous cite toujours, en fait de libertés, l'Angleterre comme la nation modèle. Eh bien ! voici en quels termes s'exprimaient deux des principaux journaux anglais, au sujet du discours par lequel l'Empereur a ouvert la dernière session :

Ainsi le *Standard* disait :

« Que l'opposition, en France, avait donné la preuve la plus complète et la plus éclatante de son incapacité par la manière dont elle avait accueilli les réformes impériales et par l'usage qu'elle avait fait des libertés nouvellement acquises. »

Et le *Times* s'exprimait ainsi :

« Que la France ait été grande sous l'Empire ; que celui-ci ait une ou deux fois devancé l'opinion publique en fait de libertés, personne ne saurait le nier, sinon ceux dont les passions dominent le jugement. »

Ah ! combien M. Jules Simon avait raison de s'écrier un jour, avant qu'il fût député de l'Opposition :

« O aveuglement, ô bizarrerie d'un peuple, qui met la liberté dans tous ses discours, et qui lui fait dans la pratique une guerre acharnée ! »

Nous avons appris par M. Émile Ollivier la part qu'il avait pu prendre aux résolutions impériales exprimées dans la lettre du 19 janvier ; mais voilà ce que ne peuvent lui pardonner ses anciens amis de la gauche : c'est moins encore d'avoir mis les pieds aux Tuileries que d'avoir donné son concours à une œuvre qui devait montrer que l'Empire pouvait très-bien se concilier avec un régime de libertés.

C'est aussi le jugement qu'en portait tout dernièrement dans son journal un homme qui les connaît bien :

« Empêcher à Paris la réélection de M. Emile Ollivier, dit M. E. de Girardin, est la pensée fixe des implacables qui aiment mieux la révolution sans la liberté que la liberté avec l'Empire. Rien de plus simple à concevoir, rien de plus facile à expliquer. En empêchant M. Emile Ollivier d'être réélu, ce que veulent les révolutionnaires implacables, c'est donner une bonne leçon à tous ceux des élus du suffrage universel qui pourraient être tentés dans l'avenir de faciliter à l'Empire les moyens de se racheter du coup d'État par la pleine restitution de toutes les libertés qu'il avait confisquées. » (*Liberté*, 10 avril 1869.)

Or, que conclure de là, sinon que les « implacables » n'estimeraient les libertés concédées par l'Empire qu'autant qu'il leur en donnerait assez pour le renverser. Donc, à bon entendeur, salut.

Les impôts et le contingent de l'armée, voilà aussi des questions sur lesquelles tout candidat recherche le plus la popularité, et cela se comprend. Les impôts étant ce qui touche de plus près tout citoyen, et en particulier nos pauvres habitants des campagnes, c'est à qui, des candidats opposants et même conservateurs en demandera la plus forte réduction. Hélas ! que ne peut-on même en demander la suppression complète, problème que jusqu'ici a pu seule résoudre, dit-on, l'heureuse principauté de Monaco !

Appelons donc de tous nos vœux, à quelque parti que nous puissions appartenir, la diminution des impôts, mais toujours néanmoins dans les mesures du possible, sans vouloir, comme disent les ministres combattant les amendements « désorganiser nos finances. »

Mais, pour y parvenir, il ne faut pas seulement la paix au dehors ; il faut aussi la paix au dedans, et non les troubles civils qui arrêtent dans leur essor le commerce et l'industrie. Un ancien ministre des finances, dont la Restauration et le Gouvernement de juillet ont apprécié beaucoup les services, le baron Louis, disait à ses collègues : « Faites-moi de bonne politique et je vous ferai de bonnes finances. » Et il disait vrai.

Chose remarquable ! Voyez chez tous les peuples l'état de leurs finances à la suite d'une révolution. Quelque florissantes qu'elles aient pu être sous le gouvernement déchu, le pouvoir nouveau, jetant bientôt un cri d'alarme, vient déclarer que le trésor public est à sec, et vite alors il décrète un impôt extraordinaire : par exemple, en France les 45 centimes, et en Italie l'impôt sur la mouture, ou tout autre aussi populaire, puis bientôt après la vente des biens de l'État et du clergé, bien entendu, quand il en a ; toutes mesures qui, loin de ranimer le crédit, précipitent au contraire dans d'énormes proportions la dépréciation de la rente publique et de toutes les valeurs dont se composent

***

les fortunes particulières. N'est-ce pas là encore ce que nous voyons aujourd'hui en Espagne, trop inconstante nation, dont les embarras politiques se compliquent singulièrement de sa situation financière. Triste succession à offrir à un nouveau roi qui né peut, comme un particulier, l'accepter sous bénéfice d'inventaire !

Instruits par tant d'exemples, admirons au contraire, nous Français, une situation financière que toute l'Europe nous envie; mais craignons surtout de la compromettre par de nouveaux troubles, en la jetant encore une fois dans ces crises fatales où se débattent les révolutions et les révolutionnaires.

Cette situation, il est vrai, pourrait être plus prospère encore si, par exemple, le Gouvernement n'eût point entrepris la malheureuse expédition du Mexique. Aussi tel est l'un des principaux griefs exploités contre l'Empire. Considérons cependant que, outre les voies nouvelles qu'elle eût pu ouvrir dans ces régions lointaines à notre commerce et à notre industrie, cette expédition avait quelque chose de grand qui flattait notre orgueil national. Et quant aux sacrifices qu'elle devait fatalement entraîner en hommes et en argent, il ne faut pas oublier non plus que le Gouvernement avait tout lieu de penser qu'ils seraient beaucoup moindres, trompé comme il l'a été, par des rapports en apparence dignes de foi sur la disposition des esprits au

Mexique. Il semblait en effet que nous n'avions qu'à y montrer notre drapeau pour voir accourir à nous ces populations, lasses enfin de tant d'années d'anarchie et de misère ; fatale illusion qui expliqua la grande insuffisance des forces données au brave général de Lorencez et les déceptions qui l'attendaient à son arrivée.

Ce qui a donc empêché jusqu'à ce jour et ce qui retarde encore le dégrèvement de la propriété et surtout la réduction des droits qui atteignent particulièrement les populations laborieuses, c'est d'abord la liquidation de ces dépenses extraordinaires ; puis, dans ces derniers temps, la nécessité d'un nouvel armement de nos troupes qui nous mît en mesure de faire face à de menaçantes éventualités. Espérons que bientôt, grâce au maintien de la paix, mais au dedans comme au dehors, nous le répétons, le Gouvernement pourra enfin réaliser tant d'améliorations qui sont dans ses propres désirs comme dans les vœux des populations.

Sans doute, notre armée, sur le pied où elle est montée aujourd'hui, pèse sur nos finances d'un poids énorme ; mais, comme le disait avec beaucoup de raison le ministre répondant à M. Garnier-Pagès, qui demandait la paix désarmée : « Qui donc ne la voudrait « pas ? Mais pour cela, il faut être deux ou plusieurs, « et nos bonnes dispositions trouveraient-elles un « écho chez les autres ? Êtes-vous bien sûr que le « commencement de la paix désarmée ne serait pas le

« commencement de la guerre ? Êtes-vous bien sûr
« que les dépenses de la guerre et de la marine ne
« sont pas une des causes de la paix ? »

De telles paroles dans la bouche de M. le Ministre
des finances préparaient déjà bien le terrain à messieurs ses collègues de la guerre et de la marine qui,
tous deux, dans la défense de leur budget, reçurent aussi
de la Chambre un accueil non moins sympathique.

Voici encore un des thèmes favoris de l'Opposition
que M. Thiers a abordé de nouveau tout dernièrement
dans son discours sur la politique générale : nous voulons parler de la responsabilité ministérielle.

On sait que chaque année se reproduit ce même
discours où l'honorable député se plaint du peu de libertés dont on jouit sous l'Empire, ce en quoi l'ancien
ministre de Louis-Philippe se montre plus exigeant
peut-être qu'il ne conviendrait, en raison de ses précédents, qu'au surplus, l'impétueux M. Rouher a soin
de lui rappeler d'une manière non moins périodique.

Cette année donc, M. Thiers, après avoir fait l'énu-
mération de toutes les libertés qui manquent encore à
la France — car il veut bien reconnaître les progrès
déjà réalisés dans cette voie — ajoutait qu'en vain
nous les aurions toutes si nous n'avions de plus, pour

les faire passer dans les actes du pouvoir, la responsabilité ministérielle où il en voit la sanction. Puis, en forme de précaution oratoire, et comme pour rassurer des ministres qui seraient déjà tremblants sur leurs bancs, il voulait bien leur rappeler que cette responsabilité n'avait plus comme autrefois pour conséquence l'échafaud, ni même la détention perpétuelle (sans doute avec admission des circonstances atténuantes), et qu'au pis aller ils en seraient quittes pour qu'on leur dît un jour : Vous avez mal géré, retirez-vous.

C'est fort bien ; mais si vous imposez la responsabilité aux ministres, il faudrait du moins qu'elle dégageât celle du souverain, déclaré dès lors irresponsable et inviolable. Mais pourquoi cependant, malgré ce principe posé alors dans la Charte de 1814 et celle de 1830, avons-nous vu Charles X et Louis-Philippe suivre dans l'exil leurs ministres seuls responsables ? Or, doit-on s'étonner qu'au souvenir de tels précédents, et alors surtout qu'il allait fonder un ordre de choses tout à fait nouveau, Napoléon III ait voulu bravement assumer à lui seul en principe une responsabilité qui existerait toujours en fait ?

Voici d'ailleurs que ses ministres revendiquent aussi pour eux-mêmes la responsabilité de leurs actes. On se rappelle en effet la déclaration catégorique faite par M. Rouher en réponse au discours où M. le sénateur Maupas traitait cette même question. Rappelant ce qu'il avait déjà eu occasion de dire à ce sujet au Corps législatif, M. le Ministre d'État ajoutait : « Eh bien ! je tiens ici le même langage, et le jour où cette grande assemblée croirait devoir marquer de sa désapprobation la conduite d'un ministre, j'affirme que celui de nous sur qui tomberait cette désapprobation ne conserverait pas un moment le portefeuille que l'Empereur lui aurait confié. »

Et maintenant, écoutons les paroles encore plus récentes prononcées au Corps législatif par M. le Ministre des affaires étrangères :

« L'honorable M. Thiers, a dit M. de La Valette, parlait de la responsabilité ministérielle. J'ignore dans quelles conditions elle pourrait jamais s'établir ; mais il y a une responsabilité à laquelle personne ne pourrait se soustraire : c'est celle qu'encourrait devant les hommes, devant Dieu et devant l'histoire, celui qui, cédant à des susceptibilités ou à des ambitions, compromettrait la paix et jetterait sans nécessité absolue, sans que l'honneur ou les intérêts légitimes l'exigent, deux nations considérables l'une contre l'autre ; celui-là aurait un compte sévère à rendre devant ses contemporains et devant l'histoire. »

Beau et noble langage ! Vraiment, il faut convenir que ces ministres sont gens de cœur et de talent ; et qu'en général l'Empereur a eu jusqu'ici la main assez heureuse dans le choix des représentants de sa politique. Quel dommage qu'ils ne puissent accompagner messieurs les orateurs de l'opposition dans leurs tournées électorales et leur donner la réplique dans les comices populaires qu'ils vont organiser de toutes parts! Mais heureusement nos bons paysans, après les avoir bien écoutés et peut-être même applaudis pour leurs beaux discours, n'en voteront pas moins à leur tête.

M. Thiers s'est plaint que, par la disposition des circonscriptions électorales, le Gouvernement ait voulu noyer dans leurs suffrages ceux des villes. Mais tant mieux pour celles-ci et pour tout le pays, mon Dieu ! car s'il y a en effet dans les villes plus d'instruction et de ce qu'on appelle les lumières, n'est-il pas vrai de dire qu'il y a là aussi bien des éléments de désordre : d'un côté, bon nombre d'êtres déclassés, pleins d'envie et d'ambition, et de l'autre, une foule d'ouvriers nomades et remuants, toujours disposés à accuser la société de leur misère, lorsqu'ils ne devraient le plus souvent s'en prendre qu'à leurs vices. Voilà donc les suffrages que, selon M. Thiers, il faudrait classer en quelque sorte à part comme étant d'un ordre plus relevé que ceux de nos habitants des campagnes, si pleins de bon sens en général et si amis de l'ordre, parce que tous auraient à perdre à une révolution et rien à gagner.

En vérité, ce langage de M. Thiers nous étonne ; car il faut lui rendre cette justice que sur plusieurs points, il a le courage de se séparer de la politique de ses nouveaux amis de la gauche ; et il est permis de se demander s'il eût parlé ainsi dans le temps où, au sein de l'Assemblée législative, il défendait avec tant de haute raison et d'éloquence les grands principes d'ordre et de civilisation qu'il ne voudrait certainement pas aujourd'hui sacrifier à de vains désirs de popularité. Au moins nous avons eu la bonne fortune, et nous ne l'oublions pas, nous, catholiques français, de le compter dans nos rangs toutes les fois que s'est agitée, au sein du Corps législatif, la grande question de la Papauté et de son pouvoir temporel.

Trop longtemps, disons-le quoique à regret, la politique du Gouvernement avait paru ici flottante, et son attitude indécise ; aussi, lorsqu'intervint la convention de septembre, elle fut l'objet, comme on sait, d'interprétations tout à fait contraires. Ainsi, la plupart de nos feuilles dites libérales ne voulurent y voir qu'un abandon déguisé de Rome, et en témoignaient leur satisfaction, comme les journaux catholiques leurs inquiétudes et leur douleur (1). Pour nous, sans vouloir nous

____

(1) Un seul de nos journaux les plus répandus, et nous aimons à

en faire aujourd'hui un mérite, nous n'avons pas hésité un instant à voir là un acte sérieux au moins de la part de la France, sinon de l'Italie dont les convoitises ne cessaient point pour cela de se trahir dans le langage de ses orateurs et de ses hommes d'État, de ceux-là mêmes qui avaient concouru le plus directement à cette convention. Ils se reconnaissaient, il est vrai, engagés à la respecter, en ce sens qu'ils ne tenteraient rien par des actes d'agression directs contre le pouvoir temporel du Saint-Père, et que même ils le défendraient sur la frontière contre ses ennemis ; mais ils se réservaient à l'intérieur les moyens *moraux*, et l'on sait tout ce qu'ils entendaient par là. Comment en effet, se disaient-ils, résister au vœu national, et par suite à un mouvement qui, au premier jour, pouvait éclater dans les murs même de Rome ?

Telle était donc leur disposition d'esprit, et l'on comprit dès lors comment, loin de protester, ainsi qu'il l'aurait dû, contre l'expédition de Garibaldi, le Gouvernement italien le laissa faire, l'encourageant même en permettant à Florence et ailleurs des enrôlements des-

---

le rappeler à son honneur, *la France*, eut, nous dirions presque le courage, d'interpréter cette convention dans le vrai sens de la pensée du Gouvernement français, telle d'ailleurs qu'elle s'est affirmée depuis par l'expédition même de Rome.

tinés à grossir ses bandes. Mais laissons là cette triste campagne et écartons ces douloureux souvenirs pour ne nous rappeler que la glorieuse expédition par laquelle nous avons sauvé encore une fois le Pape et sa souveraineté temporelle. Rappelons-nous aussi, à l'honneur du Gouvernement français et de son digne ministre, M. Rouher, le fameux *Jamais !...* cette parole si française qui, éclatant tout à coup au sein du Corps législatif, y souleva les acclamations presque unanimes de l'assemblée (1).

Et n'est-ce pas là aujourd'hui la question la plus grave que puisse se poser un électeur catholique, non-seulement pour le temps présent, mais en outre dans la prévision de l'avenir? Qu'on se figure en effet le trône de Pie IX renversé et le roi d'Italie montant au Capitole. Quelle consternation d'abord dans le monde

---

(1) On sait qu'au sujet de cette même question de Rome, quelque chose d'à peu près semblable se passa dans une séance du Sénat.

On se rappelle en effet cette lettre de M. Troplong qui parut dans les journaux peu de jours après sa mort, et dans laquelle il exprimait en ces termes les impressions de cette séance :

« J'aurais voulu, disait-il, prévenir l'incident et enrayer le mouvement; mais quand je vis le caractère si chrétien et si beau qu'il prenait, je laissai faire, je le favorisai même. C'était cent fois plus sublime et plus vivant que le glacial procès-verbal n'a pu vous le faire supposer ; un souffle de Pentecôte avait traversé le Sénat, J'avais les larmes aux yeux; et je n'étais pas le seul. »

catholique, mais ensuite quelle cause d'agitation et de trouble jetée à travers tant d'autres qui divisent déjà les puissances de l'Europe! Ah! si elles savaient comprendre comment de cette catastrophe dépendraient peut-être les propres destinées de leurs trônes, ne s'uniraient-elles pas plutôt, dans un commun accord, pour la conjurer, pour raffermir ce pouvoir suprême, cet axe aujourd'hui chancelant de l'édifice social! C'est du moins ce qu'a compris l'Empereur des Français en courant à sa défense, et grâces lui en soient rendues! Ne l'eût-il fait même qu'à un point de vue purement politique, il n'eût pu mieux comprendre les intérêts de son trône et de sa dynastie. Aussi ne craignons point, quoi qu'il arrive, qu'avec de tels précédents, il puisse jamais trahir cette noble et sainte cause.

Mais il ne faut pas nous le dissimuler : les projets de l'Italie ne sont point encore abandonnés, et, en attendant quelque occasion favorable, elle ronge avec impatience le frein qui la retient dans ses aspirations et ses élans mal contenus vers la capitale du monde chrétien. Bien plus, elle sait qu'elle a en France des intelligences et des complicités jusqu'à parmi les membres de ce Corps législatif (1) où a éclaté pourtant cette mani-

---

(1) L'un d'eux, M. Pelletan, n'a-t-il pas même osé écrire dans son journal, *la Tribune*, ces mots odieux, que les deux misérables

festation si imposante. Or, dans de telles circonstances la question de Rome ne peut rester étrangère à nos préoccupations et à nos sollicitudes électorales.

C'est bien aussi ce qu'ont redouté d'avance les partis hostiles au Gouvernement comme à la religion, et ce qui a déjà porté la division dans leurs rangs.

Ainsi l'*Opinion nationale* ayant déclaré qu'elle n'appuierait que les candidats même démocrates qui s'engageraient non-seulement à voter contre le pouvoir temporel du Pape, mais encore à demander la suppression du budget des cultes et la séparation de l'Église et de l'État, plusieurs journaux de l'Opposition, notamment les *Débats* et le *Temps*, ont pensé qu'un tel programme était fort impolitique ; qu'en effet bon nombre d'électeurs disposés à voter contre le Gouvernement pourraient bien éprouver quelques scrupules à l'endroit de mesures aussi radicales. Or, voilà le point noir que ces deux journaux avaient entrevu à l'horizon électoral, l'écueil perfide où pourraient venir sombrer les candidatures démocratiques et anti-cléricales. Ils allèrent même jusqu'à voir là une manœuvre déloyale,

---

Italiens qui ont fait sauter la caserne de Serristori, où ont péri vingt-sept zouaves, avaient pour eux cette circonstance atténuante qu'en même temps ils voulaient faire sauter le pouvoir temporel.

en ce qu'elle aurait certainement ce fàcheux résultat d'opérer une scission dans le parti démocrate.

Mais que leur répondit l'*Opinion nationale*, fort étonnée de l'accueil fait à sa proposition et de voir ses bonnes intentions ainsi méconnues ? Voici sa réponse fort nette et dépouillée d'artifice :

« Ils n'avaient pas besoin (le *Journal des Débats* et le *Temps*) de nous prêter toutes sortes de motifs mesquins et peu avouables quand nous n'avons fait que reprendre cette thèse incontestable, qui est la thèse de Quinet et de tous les révolutionnaires, à savoir que LA RÉVOLUTION POLITIQUE ET SOCIALE NE PEUT ÊTRE ACHEVÉE SI NOUS N'AVONS ACHEVÉ LA RÉVOLUTION RELIGIEUSE (1). »

O paroles précieuses, si pleines de franchise, mais en même temps d'enseignements ! Et comme cet aveu vient bien à l'appui de cette autre thèse énoncée par nous plus haut, à savoir que dans notre Europe si profondément troublée par tant d'éléments révolutionnaires, la religion et la Papauté sont encore le fondement le plus solide des trônes, ce qui veut dire de l'ordre et de la paix publique.

Mais voyons maintenant la réplique du *Journal des*

------

(1) *Opinion nationale*, 18 février 1869.

Débats, par l'organe de M. Prévost-Paradol, à cette
défense de l'*Opinion nationale*. La voici résumée en
deux mots : « Au fond, vous avez parfaitement raison
en demandant la suppression du budget des cultes,
ou, en d'autres termes, la séparation de l'Église et de
l'État. Et nous aussi nous la voulons, vous le savez
bien, nous sommes des vôtres. Mais le moment était-il
bien opportun pour soulever cette grosse question ?
Un peu de patience donc, cela viendra plus tard ; mais
en attendant, gardons-nous bien de compliquer ainsi
et de compromettre les candidatures qui, en somme,
auront droit à nos sympathies. »

D'après cela, il est donc fort probable que l'*Opinion
nationale*, reconnaissant le zèle intempestif avec lequel
elle avait trop tôt démasqué ses batteries, se montrera
moins exclusive dans l'adoption de ses candidatures.
Et au fait, qu'on se demande si le candidat partisan de
la suppression du budget des cultes obtiendrait beaucoup de succès, surtout près de nos bons habitants des
campagnes, en leur tenant à peu près ce langage :

« Écoutez, chers concitoyens : jusqu'ici le Gouvernement avait pourvu au traitement de vos curés; et de
plus, lorsque votre église ou votre presbytère menaçait
ruine, il vous venait en aide pour les réparer. Mais c'était
là un vieil état de choses, incompatible avec les progrès
du siècle et auquel il est temps de mettre un terme.

Donc, si vous voulez, à l'avenir, avoir un curé, vous aurez à pourvoir à son traitement. A l'avenir, voyez-vous, il en sera de même du prêtre, médecin de l'âme, que du docteur ou de l'officier de santé, médecin du corps ; celui qui voudra du culte le payera. N'est-ce pas trop juste ? Ainsi, chaque famille devra se cotiser en raison du nombre de ses membres, et aussi de son plus ou moins de zèle dans la pratique de ses devoirs religieux. Vous comprenez ? »

Or, voyez-vous, à ce discours, nos électeurs campagnards frappés de stupeur, se regarder entre eux jusqu'à ce que le plus malin, prenant la parole, interpelle l'orateur à peu près dans ces termes :

« Grand merci, monsieur le candidat, vous nous la baillez belle. Comment ! nous ne pouvons déjà suffire à l'entretien de nos chemins, au traitement de notre instituteur et de notre garde champêtre, et il nous faudrait encore pourvoir à celui de notre curé ? Merci encore une fois. Mais à quoi donc vont servir nos contributions ? N'avons-nous pas même ouï dire qu'en payant nos prêtres, le Gouvernement ne faisait que leur rendre en détail ce qu'on leur avait pris en gros dans le temps de la Révolution ? Ah bien oui ! on s'entendrait joliment dans chaque commune pour le payement de son curé. Voyez-vous, le jour du payement de la cotisation du mois ou de l'année, les femmes aux prises avec leurs maris, trop souvent un tas de fainéants et d'ivrognes, qui aimeraient mieux la porter au cabaret ! Et voyez-vous d'ailleurs un pauvre prêtre condamné, pour vivre, à tendre la main à ses paroissiens ! Et le Gouvernement souffrirait cela ? Allons donc ! Ah ! vous appelez ça la séparation de l'Église et de l'État : Eh bien ! laissez-les plutôt vivre ensemble et de bon accord, je vous le conseille. » (Très-bien ! très-bien ! Applaudissements prolongés.)

Et le candidat démocrate et anti-clérical, ainsi éconduit, s'aperçoit un peu tard qu'il a pris trop à la lettre le programme de l'*Opinion nationale*.

Notre électeur villageois voit naturellement dans la question ce qui le touche de plus près, le budget de sa commune. Mais, à la considérer à un point de vue plus élevé, celui de l'avenir même de la religion, quelles en seraient les conséquences ? Nous venons de lire précisément aujourd'hui dans le *Public* (21 avril) une lettre de l'auteur de la *Vie de Jésus* qui vient fort à propos nous en donner un certain aperçu.

Donc M. Renan, parlant de la séparation de l'Église et de l'État, ou, en d'autres termes, de « l'Église libre dans l'État libre, » suivant la célèbre formule, s'exprime ainsi :

« J'ai confiance en la liberté ; je suis persuadé qu'introduite dans l'Église, elle y produirait des résultats inattendus, et par-dessus tout de profondes divisions, des schismes. L'Église catholique n'a, selon moi, qu'un seul grand inconvénient, c'est son unité menaçante, son organisation régimentaire. La liberté dissoudrait cette unité ; les schismes de personnes d'abord, de dogme ensuite, se produiraient de toutes parts. En réalité, ce qui maintient l'ordre et la hiérarchie dans l'Église, c'est l'État ou plutôt le Concordat.

« L'État ne connaît que les évêques et le pape. Mais le jour où l'État déclarerait qu'il ne sait pas bien qui est pape, qui même est évêque, que c'est là une question entre ecclésiastiques et fidèles, l'armée serait dissoute ; il y aurait des soldats, mais plus de cadre. Le cadre, je le répète, c'est l'Etat qui le fait par le Concordat et les articles organiques.. Le Concordat est le grand ennemi... etc. »

Voilà, certes, une opinion à laquelle on ne reprochera point le défaut de franchise, mais qui nous semble gagner encore en clarté si on la rapproche de cette thèse posée comme « incontestable » par M. Guéroult, ainsi que nous l'avons vu plus haut : à savoir, « que la révo-« lution politique et sociale ne peut être achevée, si l'on « n'a d'abord achevé la révolution religieuse. » Mais n'insistons pas, et concluons plutôt que dans l'intérêt même du parti qui fait de la séparation de l'Église et de l'État le complément de son symbole politique, il eût mieux valu, comme le conseillait fort judicieusement M. Prévost-Paradol à M. Guéroult, laisser la question dans l'ombre en attendant la venue de temps et d'électeurs moins superstitieux.

Qu'un autre candidat maintenant vienne parler à ces

mêmes habitants de nos campagnes d'une « réorganisation de la propriété » ou d'une « liquidation sociale, »
comment pense-t-on qu'il serait reçu ? Quel moyen, en
effet, de leur faire accepter un mode d'expropriation
quelconque, si ingénieux qu'il paraisse, eut-il même,
allions-nous dire, les sympathies de M. Jules Simon, si
l'honorable député n'avait pas cru devoir désavouer à
la tribune les paroles qu'il avait prononcées, disait-on,
dans une des réunions de la *Jeune Gaule*. Rien n'em-
pêcherait-il alors que le souvenir des *partageux* ne leur
revînt aussitôt à l'esprit, et alors tous de s'écrier :
« Qu'ils y viennent ! »

Ah ! parlons plutôt d'un autre mode d'expropriation,
celui-ci pacifique et procédant à l'amiable, et dont les
progrès, quoique lents, n'en sont pas moins remar-
quables dans notre état social actuel. Voyez parmi les
habitants des campagnes, ces bons laboureurs et vigne-
rons, non moins économes que travailleurs, qui, se tenant aux aguets de tant de ventes que font aujourd'hui
les riches propriétaires ou prétendus tels, s'arrondis-
sent de temps à autre de quelque champ ou de quelque
vigne de plus. Qui n'en connaît beaucoup comme cela
et tant d'autres qui, avec de l'ordre et de l'économie,
pourraient en faire autant ? Voilà donc, avons-nous dit,
un genre d'expropriation amiable, mais nous pourrions
même dire forcée en quelque sorte par la difficulté,
pour les propriétaires de ces biens, de trouver aujour-

d'hui des fermiers ou des ouvriers qui les cultivent. Ainsi, par l'action progressive de cette cause générale, jointe à l'aisance bien plus généralement répandue aujourd'hui dans les campagnes, il s'opère tous les jours un déclassement des propriétés des bourgeois au profit des classes populaires, de sorte que, si cette progression continue, la terre n'appartiendra bientôt plus qu'à celui qui pourra la cultiver.

Non contents de déclamer contre la propriété, certains orateurs des nouvelles réunions n'ont-ils pas aussi poussé ce cri renouvelé des clubs de 48, que le moment était venu d'en finir avec la bourgeoisie ? Mais il nous semble qu'il serait bon de s'entendre sur ce qu'on peut appeler de nos jours la bourgeoisie, et l'on comprendra, puisqu'il s'agirait d'en finir avec elle, que la question ne manque pas d'intérêt.

Qu'est-ce donc aujourd'hui qu'un bourgeois ? Autrefois on pouvait le reconnaître à l'habit noir ; mais aujourd'hui, voyez nos ouvriers et nos paysans, un jour de fête ou de noce ; quel est celui qui n'a pas un habit noir ? Comment donc le distinguer d'un bourgeois, tant sont fréquentes et rapides les transformations qui s'opèrent dans notre société moderne. Ainsi, nous voyons journellement, autour de nous, dans les campagnes comme dans les villes, un homme qui, par son intelligence et son travail, s'élève de la condition la plus humble à une honnête aisance, quelques-uns même à une haute position de fortune. Ainsi, tel maçon sera devenu un riche entrepreneur ; tel autre, d'abord simple commis, sera aujourd'hui à la tête d'une maison de commerce ; tel autre, fils de laboureur, parti simple soldat, reviendra lieutenant ou capitaine, car, ainsi que le disait encore tout dernièrement à la tribune M. le Ministre de la guerre, le tableau d'avancement n'admet point de préférence et chacun passe à son tour. S'il y a encore des titres, au moins ils ne donnent lieu à aucune prééminence, de même que la fortune ne donne à celui qui la possède d'autre privilége que celui d'en user comme il l'entend, et tant mieux s'il a le bon esprit de s'en faire honneur, par exemple, en donnant de l'ouvrage aux travailleurs qui veulent travailler et du pain à ceux qui ne le peuvent plus.

Or, la bourgeoisie ainsi entendue, il n'est pas un homme du peuple, même parmi ceux pour qui elle est aujourd'hui un thème banal de déclamations et de menaces, qui ne soit aussi exposé à se réveiller un jour bourgeois, de sorte qu'à proprement parler, vouloir en finir avec la bourgeoisie, ce serait vouloir en finir à peu près avec tout le monde.

Finissons-en plutôt en vivant bien avec tout le monde et reconnaissons que de toutes les monarchies de l'Europe, il n'en est pas qui soient entourées d'institutions plus populaires que l'Empire, tel que nous l'avons aujourd'hui. Reposant à la fois sur une Constitution perfectible et sur le suffrage universel, si ce n'est la République, à laquelle répugnent nos traditions et nos mœurs, n'est-ce pas au moins ce qu'on peut appeler une Démocratie couronnée ?

Or, à l'approche de la grande crise qui se prépare, défions-nous, comme nous l'avons dit plus haut, de notre esprit versatile, de cette disposition innée chez les Français qui les porte toujours à combattre, par des critiques injustes et passionnées, les gouvernements qui ne peuvent être infaillibles sans doute, mais dont pourtant ils redouteraient beaucoup la chute. Défions-nous, en un mot, moins encore des révolutionnaires déclarés qui peuvent se compter, que des révolutionnaires sans le savoir, c'est-à-dire de ceux qui, dans l'opposition qu'ils font au Gouvernement, ne savent pas, comme le disait M. Prévost-Paradol, s'ils veulent, oui ou non, le renverser.

Les journaux de l'Opposition semblent se plaindre aujourd'hui que, dans les élections prochaines, la question soit posée par les organes du Gouvernement, entre la Révolution et l'Empire. Mais qui l'a voulu, si ce ne sont eux-mêmes qui l'ont posée les premiers, en encourageant toutes les manifestations républicaines qui se sont produites dans ces derniers temps, et en soutenant aujourd'hui de toutes leurs sympathies les hommes de la révolution de 48, c'est-à-dire les plus hostiles au principe même du Gouvernement?

N'est-ce pas déjà ainsi qu'on a découragé et rejeté trop souvent dans des mesures de réaction les deux monarchies qui l'ont précédé, toutes les fois qu'elles sont entrées dans la voie des libertés où elles n'eussent demandé qu'à marcher sans secousse jusqu'au moment où elles auraient pu, comme l'Empire le voudrait aujourd'hui, donner satisfaction complète au pays.

Oh! combien M. Jules Simon, répétons-le donc, en terminant, avait raison de s'écrier :

« O aveuglement, ô bizarrerie d'un peuple qui met la liberté dans tous ses discours, et qui lui fait dans la pratique une guerre acharnée ! »